Noyolkanyólkej

Animals of My Land
Animales de mi tierra

Gerald Padilla & Rossy Lima
Illustrated by Gaby Rico

Translated to Modern Nahuatl by Jesus Castañeda

Copyright © 2017 by Gerald Padilla, Rossy Evelin Lima
Copyright © 2017 of illustations Gaby Rico
Copyright © 2017 of this edition by Jade Publishing
All rights reserved. No part of this publication may be stored in a retrieval system, transmitted or reproduced in any way, including but not limited to photocopy, photograph, magnetic, laser or other type of record without prior agreement and written permission of the publisher.

Jade Publishing
P.O.Box 1528
Donna Texas 78537

www.jadepublishing.org

ISBN: 978-0-9985390-6-5

Noyolkanyólkej

Animals of My Land
Animales de mi tierra

Jade
Publishing

Quetzali

Hello, my name is Quetzali and I want you to meet my friends, the animals of my land.

Hola, mi nombre es Quetzali y quiero que conozcas a mis amigos, los animales de mi tierra.

Niltsé, néwatl notóka Quetzali íwan niknéki in nokníwan tikimishtlamátij, in noyolkanyólkej.

Jaguar ~ Jaguar ~ Osélotl

I am a jaguar and I have long claws.
Show me your nails.

Soy un jaguar y tengo garras largas.
Enséñame tus uñas.

Néwatl nosélotl íwan nistepatláwaj.
Mostéwan tinechititía.

Dog ~ Perro ~ Iskuíntli

I am a dog and I like to play.
Do you like to play? Yes or no?

Soy un perro y me gusta jugar.
¿A ti te gusta jugar? ¿Sí o no?

Néwatl niskuíntli íwan ninowelawiltía.
¿Kuish titowelawiltía? ¿kuish kémaj nóso ájmo?

Macaw ~ Guacamaya ~ Álotl

I am a macaw and I move my head up and down. Move your head!

Soy una guacamaya y muevo mi cabeza de arriba a abajo. Mueve tu cabeza!

Néwatl nálotl íwan nókuai nikinolinía ajkópa tlanípa. Ma shikinolinía mókuai!

Monkey ~ Mono ~ Osomátli

I am a monkey and I have fingers.
Move your fingers.

Soy un mono y tengo dedos.
Mueve tus dedos.

Néwatl nosomátli íwan nimajpílej.
In momápil tikinolinía.

Hummingbird ~ Colibrí ~ Witsílin

I am a hummingbird and I am very small.
Are you small? Yes or no?

Soy un colibrí y soy muy pequeño.
¿Tú eres pequeño? ¿Sí o no?

Néwatl niwitsílin íwan nitepitóntli.
¿kuish titepitóntli? ¿kuish kémaj nóso ájmo?

Mountain lion ~ Puma ~ Místli

I am a mountain lion and I have a pink nose.
Touch your nose.

Soy un puma y mi nariz es rosa.
Toca tu nariz.

Néwatl nimístli íwan tlastalewáltik noyáka.
Moyáka tikinmajtemóa.

Frog ~ Rana ~ Kuéyatl

I am a frog and I like to jump.
Jump with me!

Soy una rana y me gusta saltar.
Salta conmigo!

Néwatl nikuéyatl íwan niwelchóloa.
Ma shimocholóa nótlok!

Quetzal ~ Quetzal ~ Ketsaltótotl

I am a quetzal and I like to sing.
Do you like to sing? Yes or no?

Soy un quetzal y me gusta cantar.
¿A ti te gusta cantar? ¿Sí o no?

Néwatl niketsaltótotl íwan niwelkuíka.
¿Kuish tiwelkuíka? ¿Kuish kémaj nóso ájmo?

Coyote ~ Coyote ~ Kóyotl

I am a coyote and I like to howl.
Howl with me. Aaaaauuuuu.

Soy un coyote y me gusta aullar.
Aúlla conmigo. Aaaaauuuuu.

Néwatl nikóyotl íwan niwelchóka.
Nótlok tichóka. Aaaaauuuuu.

Rabbit ~ Conejo ~ Tóchtli

I am a rabbit and I have long ears.
Touch your ears.

Soy un conejo y tengo orejas largas.
Toca tus orejas.

Néwatl nitóchtli íwan ninakaspatláwaj.
Monakáswan tikinmajtemóa.

Crocodile ~ Cocodrilo ~ Sipáktli

I am a crocodile and I have many teeth.
Show me your teeth.

Soy un cocodrilo y tengo muchos dientes.
Enséñame tus dientes.

Néwatl nisipáktli íwan miek nitlánej.
Mótlan tinechititía.

Possum ~ Tlacuache ~ Tlakuátzin

I am a possum and I like to climb trees.
Do you like to climb trees? Yes or no?

Soy un tlacuache y me gusta trepar árboles.
¿A ti te gusta trepar arboles? Sí o no?

Néwatl nitlacuátzin íwan niwelkuawtléjko.
¿Kuish tiwelkuawtléjko? ¿kuish kémaj nóso ájmo?

Armadillo ~ Armadillo ~ Ayotóchtli

I am an armadillo and I can touch my feet.
Touch your feet.

Soy un armadillo y puedo tocar mis patas.
Toca tus pies.

Néwatl nayotóchtli íwan níkshi nikinwelimajtemóa.
Moíkshi tikinmajtemóa

Butterfly ~ Mariposa ~ Papálotl

I am a butterfly and I like flowers.
Do you like flowers? Yes or no?

Soy una mariposa y me gustan las flores.
¿A ti te gustan las flores? ¿Sí o no?

Néwatl nipapálotl íwan nishochikualíta.
¿Kuish tishochikualíta? ¿kuish kémaj nóso ájmo?

Mexican Salamander ~ Ajolote ~ Ashólotl

I am a Mexican Salamander and I like to smile.
Let's smile together!

Soy un ajolote y me gusta sonreír.
¡Vamos a sonreír juntos!

Néwatl nashólotl íwan niwelishwétska.
Téwan ma tishwétskaj.

These are my friends, the animals of my land.
Help me take care of them!

Estos son mis amigos, los animales de mi tierra.
¡Ayúdame a cuidarlos!

Iníkej nokníwan, in noyolkanyólkej.
¡Tinechpalewía tikimkuitlawíaj!

www.ingramcontent.com/pod-product-compliance
Lightning Source LLC
Chambersburg PA
CBHW061931290426
44113CB00024B/2879